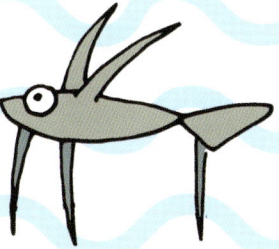

물 아저씨 과학 그림책 17
바다 괴물의 비밀

2024년 1월 20일 1판1쇄 발행 | 2024년 4월 15일 1판3쇄 발행

글·그림 | 아고스티노 트라이니   옮김 | U&J
펴낸이 | 나춘호   펴낸곳 | (주)예림당
등록 | 제2013-000041호   주소 | 서울시 성동구 아차산로 153
구매 문의 전화 | 561-9007   팩스 | 562-9007
책 내용 문의 전화 | 3404-9228
http://www.yearim.kr

책임 개발 | 민홍기 / 하나래 정성호 정유진   디자인 | 강임희   콘텐츠 제휴 | 문하영
제작 | 신상덕 / 박경식   마케팅 | 임상호 전훈승

ISBN 978-89-302-6799-1 74400
ISBN 978-89-302-6857-3 74400(세트)

이 책의 한국어판 저작권은 (주)예림당과 Atlantyca S.r.l.사와의 독점 계약으로 (주)예림당에 있습니다.
저작권법에 의해 한국 내에서 보호를 받는 저작물이므로 무단 전재와 복제를 금합니다.

Text by Agostino Traini
Original cover and Illustrations by Agostino Traini
©2023 Mondadori Libri S.p.A. for PIEMME, Italia
©2024 for this book in Korean language - YeaRimDang Publishing Co., Ltd.
Published by arrangement with Atlantyca S.r.l. Corso Magenta, 60/62 – 20123 Milano, Italia — foreignrights@atlantyca.it – www.atlantyca.com
Original Title: LA MOSTRA DEI MOSTRI MARINI
Translation by: 바다 괴물의 비밀

No part of this book may be stored, reproduced or transmitted in any form or by any means, electronic or mechanical, including photocopying, recording, or by any information storage and retrieval system, without written permission from the copyright holder.

물 아저씨 과학 그림책 17

바다 괴물의 비밀

글·그림 아고스티노 트라이니

예림당

아고와 피노는 바다 괴물들에 관한 책을 읽고 있었어요.
"바다 괴물이 진짜 있을까?"
피노가 고개를 갸우뚱하며 물었어요.
"물 아저씨에게 물어보자."
아고가 대답했어요.

잠시 고민하던 물 아저씨는 질문에 대답하는 대신,
아고와 피노를 바다 여행에 초대했어요.
아고와 피노는 돛을 올리고 물 아저씨를 따라갔지요.
물 아저씨는 무엇을 하려는 걸까요?

"바다 위를 미끄러지듯 떠가다니 정말 멋져요!"
아고가 말했어요.
"너희는 바다 위를 미끄러지듯 항해하고 헤엄칠 수도 있어. 하지만 바닷속에 오래 있을 수는 없지. 숨을 쉬려면 물 밖으로 나와야 하니까. 물 밖에서 볼 수 있는 것은 바다의 아주 작은 부분일 뿐이야."

"바다 괴물이 있을지도 모른다는 뜻인가요?"
피노가 물었어요.
하지만 물 아저씨는 미소만 지었어요.

아고와 피노는 작은 잠수함을 타고 바다 아래로 내려갔어요.
그곳에는 멋지지만 한편으론 무시무시한 동물들이 가득했어요.
몇몇 동물들은 몸집이 무척 거대했지요.
물 아저씨가 대왕오징어를 먹으려는 향유고래를 보며 말했어요.

바닷속 친구들을 소개해 줄게.

정말 멋지다!

"대왕오징어는 깊은 곳에 살지만, 가끔 해수면 위로 올라온단다."
아고와 피노가 동물들을 보며 말했어요.
"우아, 엄청나게 큰 동물들이 정말 많아!"
"그러게, 하지만 크다고 해서 괴물은 아니야."

아고와 피노는 물 아저씨를 따라 바닷속으로 점점 더 깊이 내려갔어요. 바다 밑은 무척 어두웠지요. 해초는 보이지 않고, 이상하게 생긴 동물들이 가득했어요. 물의 압력이 높아지자 잠수함이 덜컹거렸어요.
"깊은 바다, 즉 심해는 탐험하기가 무척 어려워."

"그럼 한 번도 본 적 없는 동물들을 만날 수도 있겠네요!"
아고가 신나서 소리쳤어요.
"괴물들 말이에요!"
피노도 소리쳤지요.
물 아저씨는 여전히 미소를 지을 뿐, 대답해 주지 않았어요.

여기에는 심해에 사는 친구들이 있단다!

세발치

잠수함 안의 공기가 부족해져서 해수면으로 올라왔어요.
물 아저씨가 이야기를 계속하는 동안 아고와 피노는
신선한 공기를 마음껏 들이마셨지요.
"아주 먼 옛날, 선원들은 해수면 아래에 무엇이 있는지
전혀 모르는 채로 여행을 떠났단다."

"얼핏 보이는 낯선 동물들, 시시각각 색이 변하는 바다,
언제 나타날지 모르는 암초와 소용돌이,
짙은 안개와 어둠, 요란한 바람 소리는
선원들의 환상 속에서 종종 괴물로 바뀌었어.
그런 선원들의 이야기를 듣는 재미가 얼마나
쏠쏠하던지!"

누가 이 소용돌이를 만든 걸까?
해류일까? 아니면 괴물일까?

물 아저씨는 바다에 관한 전설을 모두 다 알고 있었어요.
"고대 선원들은 바다의 분노를 두려워했어. 유난히 위험한 곳에는 괴물이 숨어 있다고 생각했지. 선원들 사이에서 퍼진 이야기는, 먼 나라까지 전해지며 실제 일어난 일로 여겨졌단다. 전 세계적으로 유명한 바다뱀 전설처럼 말이야."

"실제로 거대한 바다뱀 같은 물고기가 있잖아요.
산갈치 말이에요!"
아고가 큰 소리로 말했어요.
"산갈치는 정말 용 같아요!"
피노가 맞장구쳤지요.

물 아저씨는 이야기를 계속 이어 나갔어요.
"긴 촉수로 커다란 배를 공격하는 괴물 '크라켄'의 전설이 있어.
또, 바다를 헤매던 선원들이 발견한 섬에 대한 전설도 있지.
선원들은 안전한 곳을 찾았다고 생각해서 그 섬에 머물렀다고 해."

"혹시 평범한 섬이 아니었나요?"
"그래! 사실 그곳은 잠자던 거대한 바다거북의 등이었다는 거야. 전설에 따르면 잠에서 깨어난 거북은 사람들을 등에 싣고 바다로 들어갔다고 전해져."
피노의 물음에 물 아저씨가 웃으며 말했어요.

"거대한 괴물뿐 아니라 아주 작은 괴물에 얽힌 전설도 있어. 또 인간과 물고기를 반씩 닮았거나, 다른 동물과 물고기를 반씩 닮은 괴물도 있단다. 남아프리카 공화국에서는 긴 코와 복슬복슬한 털이 있는 '트렁코'가 발견됐다는 이야기도 있어."

"관광객의 관심을 끌려고 만들어 낸 '제니 하니버'도 있지."
물 아저씨가 자세히 설명했어요.
"하지만 진짜 존재하잖아요!"
아고와 피노가 동시에 외쳤어요.
물 아저씨는 이번에도 미소를 지을 뿐, 아무 대답도 하지 않았어요.

"바닷속에는 내가 아직 만나 보지 못한 동물들도 있단다."
물 아저씨가 말을 계속 이어 나갔어요.
"그러고 보니 특별한 경험도 있었지!
1954년에는 어마어마하게 큰 상어가 10센티미터나 되는
이빨을 번쩍이며 보트를 공격했단다.
1920년에는 거대한 오징어가 파도에 밀려와
항해하던 배의 갑판 위를 덮쳤어."

"얼마나 아수라장이 됐는지 말하지 않아도 상상이 되지?"
물 아저씨가 웃었어요.
"하지만 그들은 괴물이 아니라 특별한 동물이잖아요!"
아고와 피노가 말했지요.

물 아저씨는 이야기를 들려주는 것이 무척 즐거웠어요.
그래서 재미있는 추억거리가 더 없는지 기억을 더듬었지요.
"아, 생각났다! 1820년, 향유고래를 사냥하던 고래잡이배
에식스호가 알비노 향유고래에게 공격당했어.
배는 산산조각이 나서 침몰했지. 그 향유고래는 몸집이 어마어마하게
크고, 엄청나게 화가 나 있었거든."

"내 기억이 틀리지 않다면 그 고래는 특이하게도 흰색이었어!"
물 아저씨가 말했어요.
"앗! 그 이야기 알아요!"
아고가 외쳤어요.
"그래, 작가 허먼 멜빌에게 영감을 준 바로 그 이야기란다!"
멜빌은 이 이야기를 듣고, 유명한 소설 『모비 딕』을 썼어요.

"자, 이제부터 재미있는 걸 보여 줄게."
물 아저씨는 악취가 심하게 나는 젤리 같은 덩어리를
육지 쪽으로 밀어 올렸어요.
"내가 자주 하는 장난이야. 사람들은 이 덩어리를 발견하면,
무엇인지 알아내려고 아주 애를 써."

바다는 가끔씩 아주 오래전에 죽은 커다란 동물의 잔해를
해변으로 옮겨 놓아요. 어떤 사람들은 깊은 바닷속에
아직도 살고 있는 선사 시대 동물의 잔해라고 생각하지요.
하지만 물 아저씨는 그 잔해의 비밀을 아직 밝히지 않았어요.

한바탕 장난을 치고 난 다음, 물 아저씨는 심각한 표정으로 아고와 피노에게 말했어요.
"얘들아, 우리가 지금까지 말한 동물들은 모두 괴물이 아니야. 하지만 괴물은 있어! 진짜 괴물은 바다의 생명들을 아주 잔인하게 파괴하고 있단다."

웃을 일이 아니야!

마구잡이식 고기잡이

오염된 바닷물

유독성 폐기물

"그 괴물을 인간이 만들어 냈나요?"
아고와 피노가 질문했어요.
이번에는 물 아저씨가 "그래!"라고 대답했지요.
"인간이 괴물을 만들어 냈으니, 괴물을 막을 의무도
인간에게 있어!"

물 아저씨와 함께하는 신나는 과학 실험

차근차근 따라 해 보세요!
그동안 알지 못했던 재미있고 흥미진진한
사실들을 알게 될 거예요.

캄캄한 심해 속, 신비한 그림자!

1 여러분이 상상하는 바다 괴물을 종이에 그려 보세요.
아래의 몇 가지 예를 참고해도 좋아요.

  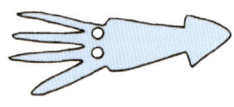 

2 여러 가지 배와 캐릭터도 그리세요.

3 어른의 도움을 받아 여러분이 그린 그림을 모양에 맞춰 가위로 오리고, 테이프를 붙여 막대기에 고정하세요.

4 자, 이제 어두운 방에서 벽 쪽으로 작은 조명 하나만 켜세요. 그리고 불빛 앞에서 그림을 들고 흥미진진한 이야기를 만들어 보세요. 벽에 비친 그림은 벽에 가까워질수록 작아지고, 멀어질수록 커진답니다!

아고스티노 트라이니는 누구일까요?

저는 1961년에 태어났어요.

저는 비 올 때 걷고

등산을 하고

배를 타고

물수제비를 뜨고

보물을 찾는 것을 좋아해요.

그리고 책을 읽고

책갈피를 만들고

물감으로 그림을 그리고

캐릭터를
구상하는 것도 좋아해요.

하지만 뭐니 뭐니 해도
물 아저씨 그리는 것을 가장 좋아해요!

Agostino Traini

아래의 주소로 저에게 이메일을 보낼 수 있어요.
agostinotraini@gmail.com

물 아저씨 과학 그림책

과학 공부의 시작은 물 아저씨와 함께! 세상 곳곳의
신기한 과학 현상을 배우며 지적 호기심을 가득 채워 보세요!

글·그림 아고스티노 트라이니 | 175×240mm | 32~48쪽

 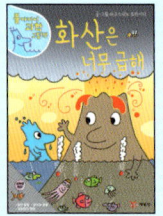    

1. 물 아저씨는 변신쟁이
2. 공기 아줌마는 바빠
3. 해 아저씨는 밤이 궁금해
4. 키다리 나무 아저씨의 비밀
5. 계절은 돌고 돌아
6. 물 아저씨와 감각 놀이
7. 알록달록 색깔이 좋아
8. 화산은 너무 급해
9. 물 아저씨는 힘이 세
10. 농장은 시끌벅적해
11. 바람 타고 세계 여행
12. 불 아저씨는 늘 배고파
13. 폭풍은 이제 그만
14. 물 아저씨와 몸속 탐험
15. 옛날에 공룡이 살았어
16. 파도가 철썩 지구가 들썩
17. 바다 괴물의 비밀